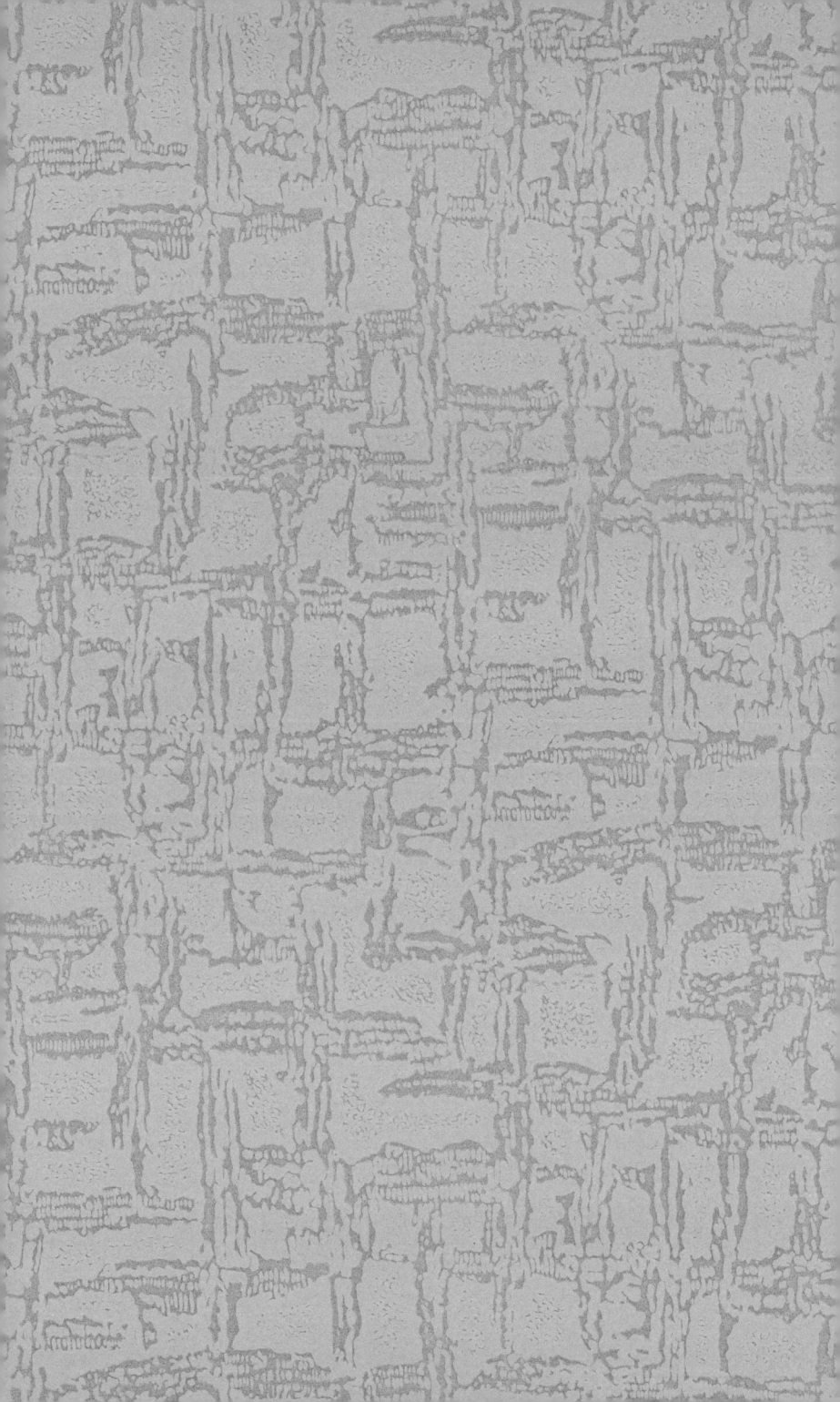

Courage That Changed The World

모닝스타 출판사

MorningStar Publications
모닝스타 휄로우십 교회
P.O Box 440,
Wilkesboro, NC 28697

Copyright 1997 릭 조이너
International Standard Book Number 1-878327-64-4
세상을 변화시킨 용기(Courage That Changed The World)

믿음의 홀(Hall) 시리즈 1

세상을 변화시킨 용기
(Courage That Changed The World)

"성 요단 기사단의 특별한 역사"

릭 조이너(Rick Joyner)

RICK JOYNER

Contents

Part I _ 두려움이 없는 전사들

01 두려움이 없는 전사들 _ 11

02 제국들의 충돌 _ 15

03 전사요 치료자인 새로운 기사단 _ 20

04 분쟁에 더 퍼져 나감 _ 24

05 새로운 거주지 _ 27

06 로데스에서의 첫 번째 전투 _ 32

07 죽기까지 싸우다 _ 37

08 위험한 승리를 피하다 _ 41

09 로데스의 두 번째 전투 _ 47

10 명예로운 패배 _ 53

Courage That Changed The World

Part II _ 승리냐 패망이냐

01 새로운 거주지, 새로운 전투 _ 59

02 단장이 바뀌다 _ 63

03 몰타의 전투 _ 66

04 성 엘모(St. Elmo)의 불 _ 70

05 성 엘모의 승리 _ 76

06 놀라게 만든 태각 _ 80

07 아래서부터 타오른 불 _ 83

08 유럽이 축제 분위기에 휩싸이다 _ 87

Part III _ 기사단의 마지막 날

01 계속되는 예루살렘, 로데스,
　　　　몰타의 성 요단 기사단의 역사 _ 93

02 마지막 때의 교회에서의
　　　　용맹스러운 기사단 _ 98

03 성 요단 기사단의 근황 _ 101

Courage That Changed The World

THE EXTRAORDINARY HISTORY OF
THE KNIGHTS OF ST. JOHN

PART I

두려움이 없는 전사들

01
두려움이 없는 전사들

    중세기에 있었던 성 요한 기사단의 업적은 성경 시대 이후에 비전을 위해 용기를 가지고 인내하며 확고부동하게 헌신한 가장 위대한 이야기 중에 하나입니다. 세 번씩이나 몇 백 명으로 구성된 작은 집단의 기사단은 이슬람의 가장 강력한 군대에 대항하여 당당하게 맞서 싸웠습니다. 백대 일에 해당하는 열악한 상황에서 그들은 십자가의 원수 앞에서 퇴각하지 않고 자신들이 지키던 곳을 사수할 것을 서역했습니다. 그들은 전쟁역사에서 가장 무시무시한 공격과 인해전술을 인내함으로 대항하였지만, 포탄의 연기가 걷혔을 때 그들의 깃발은 여전히 휘날리고 있었습니다. 그들은 단순하게 그들이 방어하던 곳에서 물러서지 않았습니다.

세상이 놀라워했던 것은, 작은 집단의 성 요한 기사단이 저항할 수 없었던 이슬람의 대군을 저지하여 유럽을 구한 것이였습니다. 그들은 가장 유명한 승리 중에 하나인 몰타(Malta)의 전투 후 "몰타의 기사단(Knights of Malta)"으로 알려지게 되는데, 지금까지 수많은 나라들이 세상을 변화시킨 그들의 용기를 기념하고 있습니다.

그들이 싸웠던 이 기념비적인 전투 이전에 유럽의 각 나라들은 성 요한 기사단을 "과거의 낡아빠진 유산"이라고 비난했습니다. 기독교 지배자들은 그들에게 보급품과 증원부대 보내는 것을 거절하였습니다. 어느 누구도 그들에게 엄청난 숫자와 근대적인 화기로 무장한 이슬람에게 대항하여 싸울 기회를 주지 않았으며, 유럽의 지배자들은 기사단을 도와 전력과 전쟁 물품을 소모하지 않으려고 했습니다. 하지만 성 요한 기사단원이 되기 전에, 단원이 되려는 사람은 반드시 십자가의 원수 앞에서 퇴각하지 않는다는 서약을 해야 했습니다. 기사단은 침략자들에게 크리스천이 소유한 땅의 일부를 주기보다 끝까지 싸우다 죽는 것을 선택하였습니다. 대부분이 죽었고, 살아남은 자들은 심한 부상을 입었지만, 그들은 끝까지 물러서지 않았습니다. 그들을 비난했던 유럽의 큰 나라들은 곧 그들의 용기와 그들의 승리를 찬양하게 되었습니다. 왕들은 공식석상에서 용감한 기사단이 아니었다면 그들의 나라는 이슬람의 침략에 의해 함락되었을 것이라고 기사단의 공로를 인정하였습니다.

물론 우리들의 전쟁이 육체적인 것이 아니라 영적인 것이긴 하지만, 성 요한 기사단의 놀라운 역사를 통해 시간을 초월해서 배워야할 수많은 것들이 있습니다. 그들이 싸워 승리했던 기념비적인 전투들은 오늘날 우리들이 영적인 영역에서 돌아보아야 합니다. 성령의 위대한 기사단이 다시 모여, 십자가의 원수 앞에서 절대로 물러서지 않을 것을 서약해야 합니다. 그래서 현재 이 지구상을 뒤덮고 있는 어두움의 세력에 대항하여 물러서지 말고 주님께서 주신 것들을 지켜야 합니다. 비록 이 어두움의 권세가 속임의 요새를 세우고 모든 나라와 문화를 부패하게 만들고 있는 것처럼 보이지만, 다시 한 번 성령의 용감한 기사단이 모여 지옥으로부터 몰려오는 악한 세력의 대군과 맞서 싸워 승리해야 합니다. 성령의 기사단은 그들이 요새를 진리와 영예와 참된 영적 기사도 정신 위에 세웁니다. 만약에 우리들이 승리하려면, 우리의 전투도 성 요한 기사단이 용기와 인내를 가지고 비전에 집중하여 승리하였던 것과 마찬가지로 그들처럼 무장하여야 합니다.

02
제국들의 충돌

　이슬람은 알라를 위해 무력으로 세계를 정복한다는 지하드의 신학 위에 세워졌습니다. 이슬람에서는 전쟁이 영광스러운 것입니다. 지하드의 죽음은, 회교도에게는 이전에 무슨 죄를 지었던지 천국이 보장되는 것이고, 이 종교에서 가장 존경받는 사람은 전쟁에서 승리한 사람입니다. 회교도들은 이슬람 종교 지도자들이 지하드를 선포하면, 지하드를 위해 생명을 바친 사람들은 천국의 문이 열리게 된다고 믿고 있습니다. 대부분의 회교도들은 그들의 방탕한 생활에도 불구하고 지하드를 천국에 갈 수 있는 기회로 생각하고 있고, 실제로 전쟁에서 죽기를 희망하고 있습니다. 이것이 바로 이슬람의 전사들을 세상이 지금까지 보지 못한 가장 치명적이고 맹렬하게 만든 이유인 것입니다.

처음에 중세기 기독교 국가들은 전쟁과 전사들에게 대한 견해가 회교와는 아주 달랐습니다. 평화는 거룩한 것이지만, 전쟁과 전사들은 필요악이라고 간주하였습니다. 이러한 견해는 유럽의 기독교 국가들이 이슬람의 공격을 받게 되었을 때 아주 불리한 요소가 되었습니다. 결국 사람들은 전쟁에 대한 교회의 정책을 바꾸게 되었고 십자군을 스폰서 하는 것을 선택하게 됩니다. 그들은 침략자에 대항하여 전투에 참가하는 것을 영원한 영광을 얻는다는 신앙을 도입하게 됩니다. 1096년부터 1291년 거의 두 세기 동안 중동에는 이슬람이 점령한 거룩한 땅(예루살렘)을 회복하기 위해 십자군의 원정으로 인한 기독교 군대가 파도치듯 계속되었습니다. 이러한 대결은 십자군의 원정으로 끝나지 않았고, 십자군은 실제로 현재까지도 분쟁이 있는 지역에서 전쟁을 위한 근본 바탕을 쌓게 되었던 것입니다.

비록 회교 군대가 두려움이 없는 전사들이였지만, 일반적으로 십자군 이전에는 크리스천들에게 명예롭게 대우했으며 때때로 전투에서 패한 크리스천들에게 너그럽게 대했습니다. 그들은 그들이 점령한 지역에서 종교적으로는 상당히 관대하였고 주님을 따르는 성도들에게 크리스천 성지를 방문하는 것을 허락했습니다. 동 유럽 크리스천들 역시 회교에게 매우 관대하였고, 심지어 그 당시 기독교 도시 중에서 가장 큰 도시 중에 하나였던 콘스탄티노플(Constantinople)에서는 회교 지역과 회교사원을 허락했습니다. 물론, 두 측 모두가 수없이 많은 상당히 잔인한 일을 벌였는데, 전쟁에서는 항상 그러한 일이 일어났습니다. 그럼에도 불구하고 비록 성문화한 기사도의 규약은 없었지만 12세기까지는 회교와 기독교 간에는 서로 대항하였지만 상호간에 존경하는 것이 일반적이었습니다.

1099년에 십자군이 예루살렘을 탈환하려고 준비하였을 때, 회교도 총독은 그의 통치아래 있던 기독교인들을 놀라울 정도로 고려하였고 심지어 그 도시를 떠나 십자군에게 연합하는 것을 허락하였습니다. 그러나 7월 15일 마침내 십자군이 예루살렘의 벽을 부수고 도시를 점령하였을 때, 십자군의 살해와 잔인함이 너무 심해서 많은 전쟁으로 인해 마음이 강퍅해진 군사들조차도 그 소식을 듣고 소름이 끼치게 되었습니다. 십자군은 예루살렘을 함락한 후에 언덕 위에 크리스천 깃발을 세우고 회교도 성인 남녀와 어린이들이 그 아래 서면 관대하게 대할 것을 약속하였습니다. 하지만 그곳에 모인 회교도들을 관대하게 대하기는커녕, 십자군은 그들을 둘러싸고 수천 명을 한 번에 도륙해 버렸습니다. 이러한 것을 본 후 전체 유대인 커뮤니티는 회당 안으로 피신하였는데, 십자군은 문을 봉해 버리고 횃불로 불을 질러버렸습니다. 살아남은 유대인은 한 명도 없었습니다. 그런 다음에 십자군은 그들의 희생자들의 피를 덮어버리고, 그리스도의 무덤에 가서 하나님께 그들의 "승리"를 감사하는 감사의 눈물을 흘렸습니다. 그러나 분명한 것은 그날 천국이 아닌 지옥이 즐거워 한 날이었다는 사실입니다.

반석의 돔(the Dome of the Rock)을 포함한 회교사원들은 모두 파괴되었습니다. 이로 인해 성문화 되지는 않았지만 분쟁 중에도 서로를 예우했던 이전에 있었던 기사도 정신은 영원히 사라지게 됩니다. 다가올 몇 세기 동안 예루살렘을 정복했던 크리스천의 "승리"는 가장 어두움 구름 중에 하나로 교회에 걸려 있게 됩니다. 그날 이후로 세상이 교회에게 가졌던 모든 신뢰는 산산조각이 나버렸고, 그 무너진 신뢰는 현재까지 회복되지 못하고 있습니다.

03
전사요 치료자인 새로운 기사단

1088년 예루살렘을 정복하기 거의 20년 전에, 천주교 사제인 브라더 제럴드(Brother Gerard)는 예루살렘에 순교자들을 위해 남성과 여성을 위한 두 개의 호스피스를 열었습니다. 이것은 세계 최초의 병원이 되었으며 그는 그것을 세례 요한에게 헌정하였습니다. 예루살렘을 정복한 후에 최초의 크리스천 총독인 보일온의 갓프리(Godfrey of Bouillon)는 호스피스들을 위해 땅을 기증하였습니다. 이슬람과의 분쟁이 계속되었고, 후에 도시의 지배자는 전력품의 십일조를 호스피스에 기증하는 관례를 만들었습니다.

1113년에 교황은 이 병원들을 위해 섬기는 사람들을 독립적인 수도회/기사단(Order)으로 인정하였고, 성 요한 기사단(the Order of St. John)이라는 작위를 수여하였습니다. 이슬람과 기독교의 분쟁이 점점 심해지면서, 성 요한 기사단은 순례자들을 돌보기 위해 새로운 부서를 설치하게 됩니다. 새로운 부서는 그 땅을 돌아다니며 순례자들을 약탈하는 도적 집단으로부터 순례자들을 보호하는데 헌신한 무장한 군대였습니다. 비록 그들의 군사적인 공적이 영원토록 유명해 졌지만, 성 요한 기사단은 병든 자들을 돌보고 부상당한 자를 치료하는 것과 같은 그들이 처음 사역을 잊지 않았습니다. 그래서 전쟁과 치료가 하나가 된 독특한 영적 기사단이 처음으로 탄생되었습니다.

매 번 전투가 끝난 후, 전쟁에 참여했던 병사들이 거의 탈진 상태가 되었을 때도, 성 요한 기사단 단원들은 휴식을 취하기 전에 그들의 갑옷을 벗어버리고 적군 아군 가리지 않고 부상당한 사람들을 돌보았습니다. 겸손함을 유지하고 병든 자를 돌보고 부상당한 자를 치료하는 원래의 사역을 유지하기 위해서, 단장을 포함한 모든 단원들은 정기적으로 병원에서 섬기어야 했습니다. 지금까지 기사단의 단원은 "병원지기"로서 언급되며, 국제적으로 병든 자와 박해 받는 자들에게 자신을 베풀고 섬기는 그들을 존경하고 있습니다.

역사를 통해서 계속되는 토론이 있는 데, 그것은 '시대가 사람이 만드는 가 아니면 사람이 시대를 만드는 가' 라는 토론입니다. 논쟁하는 양쪽 모두 수긍이 가는 이유가 있지만, 성 요한 기사단의 경우는 분명하게 시대가 사람을 만들었습니다. 성 요한 기사단은 그들을 둘러싸고 있던 상황들과 사건들에 의해 무방비 상태로부터 만들어졌습니다. 비록 그들의 본래 소명이 병든 자들과 박해 받는 자들을 섬기는 것이었지만, 시대의 요구에 의해 전사로서 거듭나게 됩니다. 그들은 아주 단순하게 그들이 하는 것이 올바른 것이라고 믿었기 때문에 그렇게 하였던 것입니다.

기사들은 그들이 하는 모든 것을 마음 속에서 우러나

와서 행하였기 때문에, 그들이 그려보고 계획하였던 곳 보다 훨씬 더 많은 것을 성취하였습니다. 비록 기사들의 서열에 단 한명의 위대한 전략가가 없었지만, 단순히 자신들이 서약한 것을 지킴으로서 승리하려면 초자연적이어야만 할 것 같은 전투에서 승리하였습니다. 그들은 자신들이 서 있는 곳에서 물러나기를 단호히 거절하였고, 또한 명예와 기사도 정신을 버리기를 거절하였습니다. 그래서 그들의 마음은 그들이 행동과 하나가 되었고, 참으로 고상한 기사단원들은 이 땅 위에서 가장 강력한 군대와 싸워 승리하였습니다.

04
분쟁에 더 퍼져 나감

13세기까지 대부분의 크리스천들과 회교도들의 분쟁은 중동에 국한되었습니다. 하지만 콘스탄티노플이 중심이 된 비잔틴(Byzantine) 제국은 크리스천 유럽을 공략하려는 계획을 세운 이슬람 공격의 무서운 후원자가 되었습니다. 그래서 당황한 교황과 유럽 전역의 왕들은 1204년에 제 4차 십자군을 일으켜서 유럽을 통해 콘스탄티노플로 행군하여 콘스탄티노풀을 약탈하고 파괴하게 합니다.

교황 이노센트 3세(Innocent III)가 즉각적으로 십자군에게 명령을 하였습니다. 이 십자군으로 콘스탄티노플을 공격한 것은 역사에서 가장 비열한 것 중에 하나였을 뿐만 아니라, 가장 우둔한 것 중에 하나였습니다. 이 일로 인해서 동방 교회와 서방 교회가 영원토록 분열되게 되었고 결과적으로 기독교가 약해지게 되었으며, 방패막이가 되었던 콘스탄티노플이 이제는 유럽을 공격하는 통로가 되게 됩니다.

　십자군은 계속해서 그러한 방탕함에 빠져들었고, 심지어 그들의 승전고까지도 기독교계를 경악하게 만들었고 그로 인해 기독교는 더욱 더 분열되고 분해되게 됩니다. 물론 이로 인해서 이슬람의 문을 활짝 열게 되는 계기가 된 것은 두말 할 필요도 없습니다. 승리하는 동안 자행했던 십자군의 잔인성은 결국 참혹한 패배를 하게 되고, 기독교계의 운명은 보편적으로 이슬람의 전쟁터에서 뒤바뀌게 됩니다.

　마침내 십자군 원정이 거의 완전하게 불명예스럽게 끝

낳을 때, 터키의 오스만(Osman) 제국은 그 당시 세상에서 가장 강력하고 세련된 제국이 됩니다. 중동을 정복하고 대부분의 아프리카를 정복하고 동유럽을 정복한 후에, 터키군은 나머지 유럽을 정복하기 위해 준비하게 됩니다. 유럽의 나머지 크리스천 국가들은 정쟁에 휩싸여 있었고, 모두가 종교전쟁을 치르고 있었기 때문에 터키군에 대항할 연합군을 일으킬 수가 없었습니다. 세상을 완전한 알라의 지배하에 있도록 하려던 터키군의 침략의 물결을 막을 수 있는 것은 아무것도 없어 보였습니다.

05
새로운 거주지

　팔레스타인의 마지막 크리스쳔 저항 세력이었던 예루살렘에 주둔하던 성 요한 기사단은 거의 모두 죽음을 당했습니다. 부상을 입은 소수의 살아남은 단원들은 항구에 배를 댔습니다. 싸움터에 절대로 물러서지 않는다는 서약을 지킨다는 용감무쌍한 이야기는 나머지 유럽에 주둔하고 있던 성 요한 기사단의 마음에 활기를 불어 넣었고, 그래서 그들은 살아남은 단원들과 로데스 섬에 새로운 거주지를 마련하게 됩니다. 로데스 사람들은 항해를 아주 잘하는 것으로 수 세기 동안 널리 알려져 있었는데, 로데스 사람들이 기사단에게 항해 기술을 전수해 주었습니다.

동방 교회와 서방 교회가 분열되고 안에서는 끊임없는 다툼이 일어나고 있는 상황에서, 이슬람은 훌륭하고 능력 있는 지도자들 아래 연합되게 됩니다. 그러는 동안 성 요한 기사단은 이 기간 동안 십자군의 노획품들과 계속해서 그 지역을 지나가는 회교도들의 배와 카라반을 습격해서 아주 번영하게 됩니다. 기독교계가 더욱 더 분쟁과 다툼으로 빠져 들고 있는 그 당시 상황에서, 비록 그들이 그 당시의 부패와 정치적인 것으로부터 완전하게 면제받은 상태는 아니었지만, 성 요한 기사단은 연합을 유지하였고 터키군과 이슬람의 위협이 없었는데도 놀라우리만큼 적에 대해 집중하고 있었습니다.

로데스는 에게(Aegean)해를 통하는 회교도 항로의 중심에 불안정하게 위치하고 있었습니다. 그러나 기사단은 그 상황이 문젯거리가 아니라 이용가치가 있는 것는 것으로 생각했습니다. 곧바로 그들은 그들이 행한 담대한 습격들로 인해 오스만 제국에 밉살스러운 존재가 됩니다. 150년 동안 성 요한 기사단은 터키군과의 해전에서 아주 효과적인 승리를 거둠으로서 터키군의 해상 세력을 확대하지 못하게 만들었습니다. 이것은 또한 오스만 제국이 나머지 유럽을 정복하는 것을 유일하게 방해하는 것이었습니다. 왜냐하면 항해술이 탁월한 기사단의 기사들이 계속해서 그들의 보급로를 차단해 버렸기 때문입니다.

기사들은 또한 계속해서 로데스의 요새를 개선해 나갔습니다. 분열과 내부 다툼이 유럽의 권력을 휩쓸고 있을 때, 이슬람 군에 대항하기 위해 군사를 일으키자는 교황이 반복적인 호소는 마치 소 귀에 경 읽기와 같았습니다. 그러한 상황에서 역사에서 가장 특출한 지도자 중에 한 사람인 메흐메트(Mehmet)는 이슬람을 연합시켰습니다. 그는 아주 똑똑한 사람으로 6개국 이상의 언어에 능통했고 문학과 과학에 걸쳐서 광범위한 지식을 소유한 사람이었습니다. 그는 아주 단 시간 만에 그의 백성의 문화와 경제와 군사력을 유럽 국가들보다 우위에 있을 수 있도록 만들었습니다.

한편 오스만은 아주 작은 성 요한 기사단을 오스만을 성가시게 하는 존재라기보다는 거의 아무것도 아닌 존재처럼 간주하였습니다. 비록 기사단은 엄청난 군사력은 없었지만 그들의 항해 기술로 당시 대적할 군대가 없었던 오스만의 이슬람 군대의 진군을 느리게 만들었습니다.

메흐메트는 알렉산더 대제의 뒤를 잇는 정복자였습니다. 그는 콘스탄티노플로 입성하여 그 위대한 도시를 자신의 통치 아래 두었습니다. 그렇게 되니까 유럽은 마치 뚜껑이 열린 보물 상자처럼 되어 버렸습니다. 그럼에도 불구하고 메흐메트는 자신의 배를 약탈하고 보급로를 차단해 버리는 성 요한 기사단을 토벌하기 전에는 유럽으로 진군하지 않았습니다. 1480년 메흐메트는 그의 가장 능력 있는 장군들과 70,000명의 군사를 보내 로데스에 있는 600명의 기사단을 정복하려고 시도했습니다. 기사단은 살육하러 몰려오는 이슬람 군에 대항하기 위해 지역에서 1,500에서 2,000명 정도의 군사를 모집합니다. 엄청나게 불리한 조건에 있는 성 요한 기사단에게 유럽에 있는 크리스천들은 중원군이나 보급품 보내는 것을 거절하였습니다. 어느 누구도 로데스가 점령 당하는 것이 단 시간 내에 이루어 질 것이라는 것을 부인하지 않았습니다.

06
로데스에서의 첫 번째 전투

약간의 저항이 있었지만 메흐메트의 군대는 로데스 섬에 상륙하였고, 메흐메트의 군대는 기사단이 거의 백년에 걸쳐서 이룩해 놓은 성벽에 포격을 쏟아 붓기 시작하였습니다. 수많은 대포알이 성벽을 넘어 도시를 강타하였습니다. 기사단의 단장은 프랑스 사람인 다우부쏜(d' Aubusson)이었습니다. 그는 놀라운 지도자로서 이미 훗날에 있을 포격을 미리 알아차린 것처럼 다가올 포격을 미리 대비해 두었습니다. 심지어 그는 마을 사람들을 위한 대피소를 마련하여 포격을 피할 수 있게 하였습니다. 유럽으로부터 아무것도 도움을 받을 수 없다는 것을 알았지만, 그럼에도 불구하고 다우부쏜은 활을 쏘고 칼을 들 수 있는 한 이슬람에게 한 치의 땅도 허락하지 않겠다고 결단하였습니다. 그분은 자신의 말에 진실로 책임을 지는 사람이었습니다.

    6월 초 며칠 동안 계속된 포격 후에, 도시 외곽 요새인 성 니콜라스(St. Nicholas)에 첫 번째 공격이 감행되었습니다. 회교도들은 저항하는 세력이 너무 강하여 쇼크를 받고 뒤로 퇴각하였으며, 그 공격에서 엄청난 사상자가 발생하였습니다. 엄청나게 화가 난 이슬람 군은 그 공격 후에 다시 한 번 포격을 가하기 시작하였는데, 여러 주에 걸쳐서 하루에 천발 이상의 포격을 가했습니다.

    점차적으로 도시의 성벽이 무너지기 시작하였습니다. 터키군은 참호를 파면서 점점 더 가까이 다가오고 있었습니다. 도시가 불로 뒤덮여서 낮에 성벽에서 싸우던 기사들이 밤에는 불을 꺼야만 했습니다. 그 당시 로데스에 있었던 사람들은 지옥의 불도 그것보다 더 심할 수 없다고 했습니다. 하지만 기사단은 여전히 항복하거나 뒤로 물러서지 않았습니다.

6월 18일 터키군은 두 번째 공격을 감행하였고 세계에서 가장 용감한 싸움꾼들이라는 별명이 붙은 무시무시한 예니체리(Janissaries)가 공격의 선봉에 섰습니다. 각 예니체리들은 일곱 살이 되었을 때 택함을 받는데, 왜냐하면 그때부터 평생 전투하기위해 육체적인 잠재력을 개발하고 훈련을 받기 위함입니다. 오직 전투에만 그들의 모든 감정과 에너지를 집중하게 하기위해 결혼이 금지되고 어떤 형태의 가족 행사라도 참석이 금지되어 있습니다. 그들은 전투에서 한 번도 물러서 본 적이 없었으며, 한 번도 패해본 적이 없었습니다. 그래서 온 세상은 그것이 성 요한 기사단의 마지막 최후라고 생각하고 있었습니다.

예니체리 기사들이 잠을 자고 있을 것을 기대하고 어두움을 틈타서 공격했습니다. 그러나 각 중요한 위치에서 기사들이 그들을 기다리고 있는 모습을 보고 엄청나게 놀랐습니다. 총성과 칼이 부딪히는 소리가 새벽이 될 때까지 밤새도록 도시에 울려 퍼졌습니다. 태양이 솟았을 때 놀라운 광경을 목격하게 되었습니다. 수많은 예니체리들의 시체가 성 니콜라스 타워 둘레에 널려 있었습니다. 하지만 기사들은 여전히 성벽 위에 담대하게 서있는 것을 보고 터키군은 경악을 금치 못했습니다.

터키 장군들은 전쟁에서 한 번도 그러한 참패를 당해 본 적이 없었습니다. 터키군은 요새에서 기사들이 동정을 엿보기 위해 속임수를 쓰고, 거짓으로 크리스천에 투항한 것처럼 꾸며서 첩자를 요새 안으로 들여보냈습니다(실제로 술탄의 군사 중 수많은 사람들이 기독교 국가에서 포로가 된 사람들이었습니다). 그러한 첩자들은 곧 기사단에게 엄청난 피해를 입히고 심각한 전술적인 문제를 일으키게 만들었습니다.

피곤에 지친 기사들은 안팎으로 압력을 받게 되었습니다. 날마다 그들의 실존을 위협하는 새로운 위기가 생겼습니다. 요새는 여기 저기 무너지기 시작했고, 무엇보다 더 가장 힘든 것은 전술적인 요소들이 망가지는 것이었습니다. 하지만 기사들은 포기하지 않았습니다.

터키군이 마지막으로 총 공세를 펼칠 준비를 하였고, 양편 다 이제는 끝을 봐야한다는 것을 알고 있었습니다.

07
죽기까지 싸우다

여러 주에 걸쳐서 계속된 포격으로 인해 도시 전체가 초토화 되었고 방어망은 깨진 기와 조각처럼 되어버렸습니다. 몇 군데 남은 방어망은 다가오는 총 공세 앞에서 거의 도움이 될 것 같지 않아 보였습니다. 하지만 기사단은 여전히 견뎌내고 있었습니다. 마침내 양쪽 모두를 지루하게 했던 기다림의 시간이 끝나고, 7월 27일 마지막 총 공세가 시작되었습니다. 술탄은 자신의 바시-바죽(bashi-bazouk) 병력을 선봉에 서게 하였습니다. 이들은 소모품으로 간주되는 용병들이였는데, 정말로 그들은 소모품과 같이 희생 당하였습니다. 물밀듯이 몰려오는 병력으로 인해 방어망은 점점 무너지기 시작하였습니다.

바시-바죽의 시신들이 금방 웅덩이나 시냇가에 쌓여서 벽 위로 올라올 수 있도록 인간 다리를 만들었습니다. 사실 그것은 터키 장군의 전략이었습니다. 지치고 부상 당한 방어군은 무시무시한 예니체리들이 물밀듯이 전진해 오는 것을 바라보아야만 했습니다. 예니체리들은 지난 번 당한 굴욕을 만회하기 위해 그 어느 때보다도 방어하는 기사들을 무찌르려고 결사적으로 공격해 왔습니다.

터키군은 삽시간에 거의 두 달간에 걸친 포격으로 불타버린 전략 요충지인 성 니콜라스 망대를 압도했습니다. 터키군은 그러한 우위를 점하려고 이미 수없이 많은 희생을 감수했지만, 기사들은 한 치의 땅이라도 터키군에게 빼앗기지 않으려고 악착같이 대항하였습니다. 다우부쏜은 넓적다리에 화살을 맡고도 12명의 기사들과 3명의 기수들을 인솔하여 싸우면서 사다리를 통해 성벽에 올라갔습니다. 성벽 위에서 그는 네 군데나 더 부상을 입었습니다.

그런데 그때 한 예니체리의 창이 다우부쏜의 갑옷을 뚫고 가슴을 찔러 그의 폐에 상처를 입혔습니다. 방어벽을 무너뜨리고 수천 명의 적군이 시내로 쳐들어 갔을 때 그는 전투장 밖으로 끌려 나갔습니다. 마치 성 요한 기사단의 최후가 임한 것처럼 보였습니다.

아마도 인간이 이 땅 위에서 창조할 수 있는 최악의 지옥처럼, 터키군은 계속하여 살아남은 기사들에게 새로운 병력을 투입하였습니다. 접전하는 전투에서, 터키군은 기사들의 완강함과 그들에게 일격을 가하여 사상자를 내는 능력에 엄청 놀랐고, 심지어 화난 예니체리까지도 당황하기 시작하였습니다.

예니체리가 거의 마지막 치명타를 날릴 가장 위급한 시점에 다다랐을 때, 갑자기 이 무시무시한 지옥과 같은 혼란과 연기 위에서 다우부쏜의 깃발이 마지막 남은 성벽의 난간 위에 나타났습니다. 그는 세 명의 기수들과 함께 빛나는 갑옷을 입고 마치 밑에 있는 지옥과 같은 곳에서 올라온 신과 같이 보였습니다. 회교도들에게 그것은 마치 전기 쇼크를 당한 것과 같았습니다. 두려움이 공격하는 병사들을 엄습했고 두려움은 곧바로 전체 군대로 퍼져버렸습니다. 남아있던 바시-바죽 병력들은 두려움에 차서 혼비백산하여 도망가고, 심지어 예니체리들까지도 그렇게 도망가 버렸습니다. 터키군의 전체 병력이 순식간에 혼란에 휩싸이기 시작하였고, 쉬운 완전한 승리를 눈 앞에 두고 퇴각하기 시작하였습니다.

터키군이 도망치자, 로데스인 저격수들이 성벽에 올라가서 퇴각하는 터키군 위에 치명적인 화살 세례를 쏟아 부었습니다. 놀랍게도 살아남은 기사들은 반격하기에 충분한 힘이 있었고, 자만하던 술탄의 병사들을 그들의 주둔지까지 쫓아가며 섬멸하였습니다. 열흘이 못되어서 기진맥진하게 된 오스만의 군대는 섬을 떠나버렸습니다. 온 세상은 그 결과를 듣고 깜짝 놀랐습니다. 성 요한 기사단은 살아남았을 뿐만 아니라, 승리하였습니다!

08
위험한 승리를 피하다

성경과 역사 모두 때때로 가장 철저한 패배는 가장 큰 승리로 쟁취한 다음에 일어난다고 확증하고 있습니다. 가장 잘 알려진 두 가지 본보기는 성경에 나오는 여리고(Jericho) 성의 전투와 만나싸스(Manassas)에서 있었던 미국의 첫 번째 시민전쟁입니다. 난공불락처럼 보였던 여리고 성의 요새를 파괴한 후, 이스라엘은 작은 마을인 아이 성에서 창피를 당하게 됩니다. 마찬가지로 군사 역사학자들은 남부군(Confederate army)이 만나싸스에서 승리한 후에 워싱턴 디 씨(Washington, D. C.)를 쉽게 정복할 수 있다고 믿고 있습니다. 그러나 그들은 너무 승리에 도취되어 있어서 전열이 제대로 정비되어 있지 않아 그 다음 전투에서 패배를 당하였고, 전쟁에서 이길 수 있는 기회를 놓쳤습니다.

성 요한 기사단이 절박했던 멸망을 로데스의 위대한 승리로 기적적으로 바꾸어 놓은 후에, 그들의 위안과 기쁨은 절제하기가 아주 힘들었을 것입니다. 하지만 그들은 즉시 확실하게 있을 다음번의 엄청난 공격을 준비하기위해 일을 시작하였습니다. 이것이 바로 가장 핵심적인 기사단의 100년 역사동안 보여준 기사단의 놀라운 리더십입니다. 그들은 얼마나 엄청난 승리를 쟁취하였든 지간에 한 번의 전투에서 승리한 것에 만족하고 자축하는 것이 아니라 더 큰 그림을 그리며 더 큰 전쟁에 이기기 위해 집중하였습니다.

도저히 무찌를 수 없는 무적의 군대처럼 보였던 터키군과 싸워 승리한 것은 성경적인 이적에 버금가는 이적으로 볼 수 있습니다. 기사단을 "과거의 고전적인 유물"로 평가했던 유럽인들은 기사단을 새로운 특별한 영웅으로 높이게 되었습니다. 어떤 이들은 "대륙을 구한 구세주"라고 부르기도 하였습니다. 그럼에도 불구하고, 살아남은 기사들은 그들을 새롭게 명명한 것에 대해 중요하게 생각하지 않았습니다. 또한 그들은 이미 자신들이 유럽 대륙을 위해 싸움에도 불구하고 유럽으로부터 도움을 받을 수 없다는 사실을 알고 있었습니다. 하지만 그들은 자신들의 명성이나 보상을 위해 싸운 것이 아니라, 기독교의 원수에 대항해서 해야 할 자신들의 거룩한 책임이라고 간주하였던 것입니다. 부상당한 상처가 회복되자마자, 결의를 새롭게 다지고 무너진 요새를 다시 세우고, 무기를 점검하고 전투에서 이기기 위해 용감무쌍하게 훈련을 시작하였습니다. 이와 같은 의지 때문에 그들이 세상에서 가장 위대한 전사들 중에 하나가 된 것입니다.

로데스에서의 패배로 인해, 이슬람은 유럽으로 더이상 진군하지 못하고 저지를 당하게 되었습니다. 작은 섬에 있는 기사단으로 인해 그들의 보급로가 계속해서 차단 당하였기 때문에 유럽으로 쳐들어 갈 수가 없었습니다. 유럽 전체가 축제 분위기에 빠져 있었지만, 기사들은 이번 승리로 인해 오스만의 술탄에게 더욱 미움을 사게 되었다는 사실을 잊지 않았습니다. 그들은 한 번의 승리로 인해 유럽이 안정권에 들게 되었다고 생각하지 않았고, 메흐메트가 더 큰 군대를 보낼 것을 숙지하고 있었고, 그들이 생각했던 대로 화가난 술탄은 그러한 계획을 세웠습니다. 기사들은 술탄의 보복을 준비하기 위해 여러 해가 걸릴 것이라는 사실을 잘 알고 있었습니다.

주님께서 틀림없이 그들의 기도를 들으신 것처럼 보이는데, 소 아시아(Asia Minor) 지역을 통해 남쪽으로 가던 술탄이 병에 걸려 죽게 되어 로데스를 공격하려던 계획이 취소되었습니다. 메흐메트의 죽음으로 인해 다음 공격이 있을 때까지 기사들은 성벽을 재건하는 시간을 벌었고 용원을 보충하게 됩니다. 이러한 일시적인 구제를 통해 준비를 철저히 할 수 있었기 때문에, 그들은 다음 공격을 충분히 막아낼 수 있을 것이라고 생각하기 시작하였습니다. 더욱 고무적인 것은 다우부쏜이 심한 부상에도 불구하고 살아남았고 회복하였다는 점입니다.

다우부쏜은 통솔하기에 충분할 정도로 회복하자마자, 독특하게 헌신하면서 다음 전투를 위한 준비를 시작하였습니다. 그는 마치 온 세상의 운명을 그의 어깨에 달려 있다는 것을 알고 있는 것처럼 준비하기 시작하였습니다. 다음 공격을 대비하여 유럽으로부터 받은 돈은 성벽과 망루를 건설하고 군수품을 사서 축척하는데 사용되었습니다. 회교의 상징인 반달의 오스만 군대는 40년간 로데스를 공격해 오지 않았습니다. 그 기간 동안 기사들은 가능한 모든 시간을 다가 올 공격을 대비하는 데 사용하였고, 그들은 그 시간을 아주 현명하게 잘 사용하였습니다.

다우부쏜은 1530년에 죽었지만, 그의 비전과 리더십은 로데스의 요새를 첫 번째 공격을 당했을 때 보다 훨씬 더 강하게 만드는데 크게 기여했습니다. 그들이 노력은 첫 번째 공격보다 더 큰 공격을 받았을 때 물거품이 되지 않았습니다.

1520년 "위대한(Magnificent)" 술레이만이 오스만 제국의 왕좌에 올랐습니다. 메흐메트와 마찬가지로 술레이만도 학식있고 덕망있는 사람인 동시에 아주 유능한 장군이였습니다. 그의 리더십 아래 오스만 제국의 가장 번성하게 됩니다. 일 년 후에, 필립 빌리어스 데 라일 아담(Phllippe Viliers de L'Isle Adam)이 성 요한 기사단의 단장이 됩니다. 라일 아담은 교육받은 귀족 출신으로 항해에 풍부한 경험을 가진 동시에 아주 독실한 크리스천이었습니다. 그 역시 위대한 군사 지도자로 이미 공인 받은 사람이었습니다.

09
로데스의 두 번째 전투

1521년 술탄은 새롭게 임명된 성 요한 기사단 단장에게 "승리의 서신(Letter of Victory)"을 보내어 자신이 최근에 정복한 것을 자랑하고 기사단 단장이 '자신과 함께 그 승리를 축하하자'고 요구하였습니다. 라일 아담은 정치적이라기보다는 직선적인 사람이었는데, 그는 술레이만에게 로데스를 다음 정복지로 삼겠다는 술레이만의 의도를 이해하였다는 답장을 보냈습니다. 술레이만은 아주 짤막하게 로데스가 당장 자신에게 항복하라는 두 번째 서신을 보냅니다.

술탄의 타이밍은 전형적으로 아주 절묘했습니다. 그 당시는 영국의 헨리 8세(Henry VIII)가 대영제국 안에 있는 기사단의 재산을 몰수하는 과정에 있을 때였고, 프랑스와 스페인은 전쟁 중이었고, 이탈리아는 가난에 처해 있을 때였습니다. 다시 한 번 용감한 기사들은 보급품이나 중원군을 기대할 수 없는 상황이 되었고, 오직 몇 백 명에 불과한 기사들로만 그 당시 세상에서 가장 강력한 군대와 더불어 싸울 수밖에 없게 되었습니다.

1522년 6월에 술레이만은 모든 준비를 마쳤습니다. 역사학자들은 술레이만이 전쟁을 위해 700척의 배와 200,000명의 군사를 모집했다고 추정하고 있습니다. 좀 과장된 부분을 인정하더라고, 그만한 병력이면 500여명의 기사들과 1,500명의 병사들로 구성된 로데스의 병력을 압도할 만한 것입니다. 세상은 터키군이 참새를 잡으려고 대포를 사용하는 것처럼 보였습니다. 모든 사람들이 이러한 엄청난 맹공격에 대항하여 기사들이 기껏해야 며칠 밖에는 견디지 못할 것이라고 기대했습니다. 7월 28일 술탄 스스로가 예포와 함께 로데스에 상륙하였고, 전쟁이 시작되었습니다.

터키군은 가져온 대포들과 박격포들이 얼마나 많았으면 그것들은 마치 숲과 같았습니다. 그들은 직경 3미터 내를 쑥밭으로 만드는 포탄 공성포를 사용하여 포격을 시작하였습니다. 8월 내내 그들은 날마다 시내와 요새들에 수천 발의 포격을 가했습니다. 기사들은 비록 수적으로는 훨씬 열세 있었지만 그들이 준비한 대포로 상대적으로 방어가 약한 터키군에게 아주 효과적으로 포격을 가했습니다.

8월 말 경에 요새의 벽에 나타난 소수의 병력이 감지되었습니다. 며칠 후 첫 번째 보병대가 공격해 오기 시작하였습니다. 기사들은 굳은 결의에 차서 맞서 싸웠고 한 치의 땅도 양보하려하지 않았습니다. 하지만 수적으로 압도적인 열세에 처해있던 기사들은 뒤도 밀리게 되었고, 마침내 성벽 위에 터키군의 깃발이 휘날렸습니다. 기사들에게 이러한 일이 한 번도 일어난 적이 없었지만, 기사들은 낙

심하기보다는 더욱 굳은 결의를 다졌습니다. 기사들은 터키군의 반격에 아주 쇼크를 받았고 심지어 단장까지 전투에 참여했습니다. 초기에 좀 주저하기는 하였지만 시간이 흘러감에 따라 터키군이 뒤로 물러서기 시작했습니다.

술탄은 즉시 두 번째 공략을 취했는데, 오스만 제국의 가장 위대한 장군 중에 한 명이었던 무수타파 파스하(Mustapha Pasha) 스스로가 공격을 진두지휘하였습니다. 두 시간 동안 성 벽에서 엄청난 전투가 벌어졌습니다. 하지만 연기가 걷힌 후에 보니까, 기사들이 여전히 성벽을 지키고 있었고 터키군은 혼란에 빠져 있었습니다. 지면은 죽고 부상 당한 터키군은 완전히 덮여 있었지만, 기적적으로 기사들은 오직 세 명만이 전사하였고 약간의 병력을 잃었습니다.

술탄은 어리벙벙해지고, 당황하고, 엄청나게 화가 났습니다. 그는 3주 동안 계속해서 포격하라는 명령을 내렸습니다. 9월 24일 무너지기 시작하는 성벽을 향해 또 한 번의 엄청난 공격이 감행되었습니다. 도시의 주된 요새 중에 하나인 아라곤(Aragon)의 방어 요새가 예니체리의 엄청난 공격에 의해 함락되었습니다. 예니체리들은 40년 전에 있었던 치욕을 되갚기라도 하듯 광신적으로 용감무쌍하게 공격해 왔습니다. 그것은 마치 기사단의 마지막이 눈 앞에 닥친 것 같이 보였습니다. 술레이만은 플랫폼을 만들어서 그 위에 정복자의 보좌를 세워 그의 승리를 축하하려고 준비하였습니다. 도시의 모든 성벽을 따라 끊임없는 전투가 계속되었고 터키군은 죽음을 불사하고 참호 속으로부터 나와 밀물처럼 공격해 왔습니다.

그러나 마지막은 기대했던 것처럼 그렇게 쉽게 오지 않았습니다. 하루 종일 격렬한 전투가 계속되었습니다. 섬광이 번쩍이는 기사들의 갑옷이 싸움이 열세에 있는 곳이면 어디든지 어김없이 나타났습니다. 라일 아담은 항상 가장 절신한 격전지에 그의 기수를 뒤에 거느리고 어김없이 출몰하였습니다. 그는 터키군이 가장 죽이고 싶어 하였던 사람인데, 그의 깃발은 적에게 특별한 목표물이 되었습니다. 하지만 그 전투를 목격했던 증인들의 진술에 의하면 무엇인가 특별한 것이 그를 보호하고 있어서 터키군이 그에게 침투할 수 없었다고 합니다. 그날 터키군은 가장 피비린내 나는 전투 중 하나를 경험한 후에, 점차 흔들리기 시작하였고, 마침내 전군이 퇴각하고 말았습니다.

10
명예로운 패배

 엄청나게 놀라게 된 술레이만은 그가 높이 세운 단상의 보좌에 창피함과 화가 날대로 나서 내려왔습니다. 그는 즉시 가장 유능한 장군 두 명에게 사형을 언도하였지만, 후에 참모들이 그렇게 하시면 오히려 크리스천들은 도와주는 격이 된다고 하는 설득에 수긍하고 사형언도를 취소하였습니다. 기사들의 피해도 엄청났습니다. 200명의 기사들이 전사하였고 그 만큼의 숫자가 부상을 당하였습니다. 터키군의 피해는 상상을 초월한 경이적인 것이였습니다. 그들의 시체가 온 도시를 뒤덮었습니다. 다시 한 번 공성포의 엄청난 포격이 시작되었고, 술탄은 두 달 동안 성벽과 도시로 포탄을 퍼부었습니다.

이제 기사들은 숫자적으로도 아주 소수가 되었고 육신적으로도 더 이상 견딜 수 없을 만큼 피곤해 졌습니다. 그럼에도 불구하고 그들은 그들의 자리를 지켰고, 날마다 마지막이 될지도 모르는 공격이 감행되는지 철저하게 살폈습니다. 그들은 터키군의 엄청난 병력을 잘 알고 있었고 결국은 터키군이 승리할 것이라는 것도 이미 예상하고 있었습니다. 용감한 기사들은 보급품과 증원군 없이 당시 세상에서 가장 강력한 군대와 맞서 다섯 달 동안이나 버티고 있었습니다. 기사들은 비록 자신들이 압도적인 열세에 있다는 것을 알면서도, 항복하기 보다는 싸우다 죽을 것을 선택하였습니다.

함락 작전이 시작되면서, 기사들에 대한 술탄의 마음이 변하기 시작하였습니다. 술탄은 한 번도 기사들이 보여준 것과 같은 용감무쌍한 것을 본적이 없었기에, 기사들의 용기를 존중하게 되었습니다. 성탄절 이브에 기사들을 행한 술레이만의 존경심은 절정에 달하였고, 그는 생존한 기사들과 명예로운 평화협약을 하자고 제의합니다. 기사들의 용기와 인내심에 존경을 표한 후에, 그는 기사들에게 음식을 베풀고, 자신의 배를 주고, 기사들이 원하는 곳으로 가서 정착하라고 제의합니다. 기사들은 이제 너무 약해져서 또 한 번의 공격을 견뎌내지 못한다는 것을 알고 있었고, 술레이만의 제의를 받아들이면 다시 준비하여 그들과 싸울 기회가 있다는 것으로 위안을 삼았고 그의 제의에 동의하였습니다.

라일 아담과 회의를 한 후에 술레이만은 그의 총사령관 비지어(Vizier)에게 "내가 이 용감한 노인을 그의 고향에서 쫓아 내다니 너무 슬프구나!"라고 반복하며 말하였습니다. 기사들은 술탄의 호의를 받아들였고 그들은 술탄의 배를 타고 항해하여 로데스를 떠났습니다.

2,000명의 병력이 200,000의 병력과 맞서 싸웠던 것입

니다. 온 세상은 다시 한 번 기사들이 육 개월 동안이나 버틴 사실에 놀라움을 금치 못하였습니다. 기사들은 이제까지 세상에 본적 없었던 가장 강력한 포격과 보병의 공격을 인내하였습니다. 로데스가 마침내 터키군에게 함락되었다는 소식을 접하게 된 프랑스의 찰스 5세(Charles V)는 "세상의 그 어느 것도 로데스에서 진 것처럼 진 것은 없었다"라고 진술하였습니다.

이미 온 세상으로부터 존경을 받게 된 기사들은 칭송을 받게 되었습니다. 한동안 지구상의 모든 나라들은 성 요한의 깃발에 역사 속에서 한 번도 일어나지 않았던 범세계적인 경의를 표하였습니다. 하지만 기사들의 공적이 거기서 끝나버린 것은 아닙니다.

Courage That Changed The World

THE EXTRAORDINARY HISTORY OF
THE KNIGHTS OF ST. JOHN

PART II

승리냐 패망이냐

01
새로운 거주지, 새로운 전투

기사들은 로데스에서 200년 이상 생활하였지만, 이제 거주지를 잃었습니다. 그들에게 지중에 중간지역에 있는 로데스와 비교해서 상대적으로 우호적이지 않은 섬인 몰타(Malta)라고 불리는 섬이 제공되었습니다. 그들은 그것을 받아들였고, 곧 유럽의 미래가 달려 있게 될 잠자는 작은 목초지를 즉시 요새화시키기 시작하였습니다.

수년 전에, 몰타에 폭풍우가 몰아쳐서 배를 항에 정착시켰을 때, 번개가 라일 아담의 칼을 쳤고, 칼은 재로 변해

버린 사건이 있었습니다. 그후 그것은 신의 섭리에 의한 이적으로 간주되었습니다. 몰타는 한때 사도바울이 배가 좌초되어 방문한 적이 있었는데, 거기서 바울은 그 사건을 위대한 믿음의 승리로 바꾸었습니다. 기사들은 후에 몰타가 그들의 용감무쌍함으로 인해 '몰타' 라는 말이 '용기' 라는 단어와 동의어가 되고 그들이 "몰타의 기사단(Knights of Malta)" 이라고 불리게 될 것을 알지 못했습니다.

로데스를 손아귀에 넣은 후에 술탄은 이제 작은 저항을 제외하고는 자유롭게 유럽을 드나들게 되었습니다. 그 어느 누구도 세력이 아주 약해진 기사단이 다시 한 번 그들의 항로를 막게 될 것이라고 생각하지 못했습니다. 그러나 작은 성 요한 기사단은 터키군에게 도전하였을 뿐만 아니라, 그들을 쳐서 오스만 제국 전체가 붕괴되기 시작하게 만들었습니다. 로데스를 떠난 후 비록 기사단의 숫자와 재산이 엄청나게 줄었지만, 그들의 가장 큰 재산인 결단력과 용기는 여전히 건재하였습니다.

로데스에서 "승리"를 쟁취하였지만, 그로 인해 오스만 제국도 엄청난 피해를 입었습니다. 수천 명의 정예군이 죽음을 당하였고 심하게 부상을 입었습니다. 하지만 병력을 잃은 것보다도 더 심한 타격을 입은 것은 그렇게 작은 숫자가 그렇게 오랜 기간 동안 버틴 것으로 인해 그동안 그들이 가지고 있었던 확신이 무너지고 사기가 땅에 떨어지게 된 것입니다. 하지만 여전히 크리스천의 유럽은 아주 쉬운 사냥감이었습니다. 유럽에서는 로마 천주교의 지배에 반대하여 종교개혁이 일어났으며, 모든 곳에서 대부분열이 가속화되고 있었습니다. 수 세기에 걸친 로마에 대한 원한과 프로테스탄트 운동들 간의 경쟁으로 인해 분열이 물 끓듯 하였습니다. 크리스천들은 서로에 대항하여 군대를 일으켰기 때문에 분열되어 있었고, 분열된 집은 정복하기가 쉬운 법입니다.

비록 유럽의 모든 나라들이 인접 국가들과 정도차이는 있지만 크고 작은 전쟁을 치르고 있었고, 그러한 수많은 나라들의 귀족들로 구성된 성 요한 기사단은 놀라울 정도로 기사단의 계급을 잘 지키며 연합하였습니다. 기사단은 그들이 간주하는 진정한 적군이요 그들의 믿음을 가장 크게 위협하는 이슬람에 대해 초점을 잃지 않았습니다.

몰타에 도착하자마자 기사들은 요새를 건설하고 회교도들의 배를 공격하기 위하여 배를 만들기 시작하였습니다. 그 시점에 유명한 회교 해적이었던 바바로싸(Barbarossa)가 터키 함대의 제독으로 임명되었습니다. 그는 오스만 해군을 강력하게 만들었고, 지중해의 한쪽에서부터 시작한 엄청난 해상 전투는 점차적으로 유럽 본토로 향하게 되었습니다. 대부분의 전투는 어정쩡한 것들이었지만, 그들은 점차 온 세상을 벼랑으로 몰아넣고 있었습니다. 오스만 해군에 의해 단 한 번의 중요한 승리가 있기만 해도 크리스천 유럽의 멸망이 시작될 시점은 점점 오고 있었습니다. 다시 한 번 그들 앞을 가로막아 터키의 승리를 방해하고 있는 것은 다름 아닌 성 요한 기사단의 완강한 뱃사람들이었습니다. 다시 한 번 기사단은 터키의 해군 제독의 미움을 사게 됩니다.

02
단장이 바뀌다

　1946년에 바바로싸가 죽고, 드라거트(Dragut)가 더 강력해진 터키 해군의 제독이 됩니다. 1550년 기사단은 마흐디아(Mahdia)에서 드라거트의 함대를 격파합니다. 그것을 복수하기 위해 드라거트는 몰타를 공격하게 됩니다. 몰타 섬은 여전히 로데스의 요새에 비하면 요새화가 덜 된 상태였지만, 소수의 방어군이 너무 강력하게 대항하였기 때문에 드라거트는 공격을 포기하였습니다. 양 진영 모두 터키군이 다시 공격할 것을 알고 있었습니다.

1557년 라일 아담이 죽고, 진 파리소트 데 라발레트 (Jean Parisot de laVaette)가 성 요한 기사단의 단장이 됩니다. 학식 있는 귀족 출신인 라발레트는 한때 터키군에 사로잡혀서 4년 동안 노예가 되었던 적이 있었습니다. 단장이 되었을 때 그는 63세였고, 그는 그의 전임자들이였던 라일 아담과 다우부쏜처럼 위대한 지도자가 되었습니다.

　비록 몰타를 공격한 드라거트의 첫 번째 시도가 패배로 끝났지만, 그로 인해 기사단에 대한 술탄의 증오가 폭발하게 만드는 확신 한 표가 되기에 충분하였습니다. 술레이만은 그의 제국을 최대한 확장하였고, 유럽에 대한 마지막 공격을 준비하고 있었습니다. 그는 다시 한 번 기사단과 대치하는 것을 싫어하였지만, 기사단이 그의 보급로를 차단하여 엄청난 혼란을 초래하고 있기 때문에 그것을 묵과할 수는 없었습니다. 비록 기사단이 수적으로 매우 적었고 아주 멀리 있었지만, 그의 계획을 점점 더 위협하였습니다. 심지어 드라거트의 습격이 실패하였기 때문에, 그는 작은 섬일지라도 정복하기위해 섬의 방어 체제를 정탐하였습니다.

술탄은 또한 모든 회교 국가들로부터 성 요한 기사단을 섬멸시켜야 한다는 압력을 받고 있었습니다. 그 당시 술레이만은 기사단에 대해 격노하기도 했지만, 다른 한 편으로는 기사단을 두려워하였습니다. 왜냐하면 그들을 정복하기 위해서는 엄청난 희생을 감수해야 한다는 사실을 너무 잘 알고 있었기 때문입니다. 1565년 5월 18일 마침내 백성들의 의견이 그로 하여금 행동을 취하게 만들었습니다. 터키 함대가 처음으로 몰타의 가장자리에 있는 성 엘모(St. Elmo)항에서 파수군에 의해 정찰되었습니다.

03
몰타의 전투

몰타에 접근하는 오스만의 함대는 실로 엄청난 것 이었습니다. 배가 얼마나 많았으면 바다를 뒤덮은 돛대들이 마치 숲 전체가 움직여 다가오는 것과 같았습니다. 그것은 위대한 스페인의 아마다(Armada)가 영국을 치러 함대를 동원했을 때까지, 세상이 본 것 중에서 가장 큰 함대였습니다. 그러한 엄청난 함대와 함께 끝이 보이지 않는 수많은 술탄의 정예군중에 정예군인 예니체리, 상비군 또한 죽은 후의 삶을 구하는 종교적인 광신자들로 구성된 4,000명이 넘는 이아이알라(Iayalar)가 함께 쳐들어오고 있었습니다. 이러한 터키군이 540명의 기사들과 1,000명의 병사들 그리고 3,000명이 좀 넘는 몰타 병사들을 섬멸하러 오고 있는 것입니다.

기사단은 다시 한 번 거의 불가능한 것처럼 보이는 수적 열세와, 그 어느 때보다도 더 결사적으로 승리하려고 결단한 적군과 직면하게 되었습니다. 심지어 이번에는 해변에 상륙한 침략자에 대항하여 싸우게 할 병력이 없었습니다. 오직 하나의 요새밖에 없었던 로데스와는 달리, 기사단은 몰타에 여러 개의 요새와 시를 만들었습니다. 군사 전략가들은 이것이 아주 큰 불이익을 초래한다고 간주할지 모르지만, 이렇게 함으로서 터키군을 분산 시킬 수 있었습니다. 훌륭했던 전임자들과 마찬가지로 새로운 단장 역시 도움이 될 수 있는 것은 무엇이든지 최대화하였으며, 도움이 되지 못할 상황까지도 가장 좋은 전략을 사용하여 이득이 되도록 준비해 두었던 것입니다.

해변에 상륙한 순간에는 병력이 없어서 싸우지 못했지

만, 곧 기사단의 기병대가 공격을 시작하여 상륙한 터키군에게 애를 먹였습니다. 이것은 터키군을 아주 혼란스럽게 만들었고, 이전에 그들이 기사단과의 싸움에서 체험했던 것들로 인해 모든 상황에서 과잉행동을 취하였습니다. 그런 다음에 제독인 무스타파 파사가 이끄는 지휘본부에서 전략적인 실수를 범하게 됩니다. 그들의 전략은 기사단의 방어진에서 가장 강한 곳인 카슬 포스트(Post of Castle)를 주된 공격 목표로 삼은 것이었습니다.

터키군의 그러한 대실수는 프랑스 사람인 아드리언 데 라리비에르(Adrien de laRiviere)라는 한 명의 용감한 기사로 인해 생기게 된 것입니다. 그는 이전의 공격에서 사로잡혔는데, 심한 고문을 받는 중에 데 라리비에르는 카슬 포스트는 소수의 수비대가 수비를 하고 있어서 수비가 가장 약한 곳이기 때문에 쉽게 공략할 것이라고 거짓 자백을 하였기 때문입니다. 여러 번 공격을 감행 하였지만 수비대에 의해 계속 패배를 당한 후에야 파사는 데 라리비에르에게 속은 것을 알아차렸습니다. 그는 프랑스 사람인 라리비에르를 때려 죽였지만, 그 일로 인해 수 백 명이 넘는 전사들을 잃었고, 무엇보다도 전체 병사들의 사기가 땅에 떨어지게 되었습니다.

04
성 엘모(St. Elmo)의 불

그 일이 있은 후 파사는 그의 주력 부대를 몰타의 주된 항만이 내려다보이는 작은 항구 성 엘모를 함락하기 위해 성 엘모로 보냈습니다. 이것 역시 기사단에게는 아주 큰 이득이 되었는데, 그 시간 동안 라발레트는 다른 요새들을 점검하고 개선할 수 있었습니다. 하지만 성 엘모가 오래 동안 버틸 수 없다는 것은 누구나 다 아는 사실이었습니다. 로데스에서 무차별적으로 가했던 터키군의 포격은 이제는 보다 수학적이고 정확도가 훨씬 더 개선되었습니다. 파사는 그의 주된 화력을 밤낮 쉬지 않고 작은 항구를 향해 퍼부었습니다. 작은 성 엘모는 얼마 못가서 무너지기 시작하였습니다.

어느 날 밤 라발레트가 포트 성 안젤로(Fort St Angelo)에 있는 작전 회의실에서 회의를 하고 있었는데, 기대하지 않았던 몇몇 기사들이 찾아왔습니다. 그들은 성 엘모에서 몰래 빠져 나와 라발레트에게 더 이상 성 엘모에서 버틸 수가 없다고 말하려고 하는 기사들이었습니다. 로데스의 영웅이였던 라발레트는 젊은 기사들에게 선배들의 명성에 먹칠을 했다고 야단을 치고, 다른 기사들을 보낼 것이니까 그들은 성 엘모로 돌아갈 필요가 없다고 하였습니다.

야단을 맞은 소수의 젊은 기사들은 성 엘모로 보내 달라고 간청을 하였고, 결국 라발레트는 그들을 그들이 지키던 성 엘모의 자리로 돌려보내게 됩니다. 그들이 돌아가자마자, 단장은 작전회의에 참석한 임원들에게 작은 항구 성 엘모가 함락 당할 것을 알고 있지만, 거기서 시간을 벌어 주어야만 나머지 다른 장소에서 승리할 기회가 생길 것이라고 말하였습니다.

그즈음 성 엘모는 연기로 가득차고 여기저기 불길이 치솟고 있어서 마치 화산이 폭발하여 휩쓸고 간 것 같았습니다. 그때까지 그곳에서 살아남아 있는 것은 기적처럼 보였지만, 소수의 기사들은 자신들의 자리를 굳게 지키고 있었고, 양쪽 진영 모두가 놀랄 만큼 공격해오는 터키군을 철저하게 무력화시키고 있었습니다.

그런데 유명한 장군 드라거트가 새로운 함대를 이끌고 항구에 도착하였습니다. 터키군에게는 수많은 새로운 병력이 증강되었을 뿐만 아니라, 그들은 싸움을 잘하는 병사들만 특별히 뽑아온 특수부대였습니다. 만약에 파사(Pasha)가 용맹스럽고 특출한 인물이었다면, 드라거트는 그 보다 훨씬 더 용맹스럽고 특출한 인물이었습니다. 그때는 터키군에게는 사기가 꼭 필요할 시점이었고, 그곳에 드라거트가 직접 당도했다는 사실만으로도 터키군의 사기는 하늘을 찌를 듯이 높아졌습니다. 드라거트가 직접 작전지

휘를 실행하였습니다. 그는 다시 성 엘모에 치명적인 포격을 가하도록 명령했습니다. 이제 작은 항구 성 엘모는 삼면으로부터 공격을 받게 되었습니다. 드라거트의 포격은 3주 동안 계속되었습니다. 포격이 끝났을 때에 성 엘모는 거의 아수라장이 되어 깨어진 조각들로 꽉차있었고, 양측 모두는 아무도 살아남은 아무도 없을 것이라고 믿었습니다.

포격이 멈추자, 에니체리들이 혹시 반항하는 세력이 남아있을 지라도 쉽게 함락시킬 것이라고 생각하며 공격을 시작하였습니다. 하지만 양측 모두가 놀라버린 것은, 예니체리의 공격이 실패하였을 뿐만 아니라 그들은 엄청난 피해를 입었습니다. 격노한 드라거트는 그가 가지고 있는 모든 화력을 동원하여 다시 포격을 가하였는데, 화력이 얼마나 강했는지 섬 전체가 마치 강한 지진이 일어난 것처럼 들썩거렸습니다.

다음 날 드라거트는 예니체리에 앞에 이아이알라(Iayalr)를 앞세워 작은 항구를 점령하기 위해 두 번째 공격을 시작하였습니다. 실제로 성 엘모는 먼지와 연기와 불길의 구름 속으로 사라져 버린것 같았습니다. 연기가 걷힌 후 약 한 시간이 되자, 터키군뿐만 아니라 성 안젤로(St Angelo)와 성 미가엘스(St Michaels)에 주둔 한 기사단의 기사들까지 놀라움을 금치 못했습니다. 왜냐하면 폐허가 된 곳 위에서 여전히 성 요한의 십자가가 서있었기 때문입니다. 라발레트는 감명을 받았고, 기사단에서 가장 유능한 기사들을 선발하여 작은 항구에 구원병을 보냈지만, 터키군들이 성 엘모를 둘러싸고 있어서 가지 못하고 되돌아오고 말았습니다. 성 엘오에 진을 쳤던 소수의 용감한 기사들은 이제 누구의 도움 없이 스스로 자신들의 운명을 스스로 책임질 수밖에 없게 되었습니다.

드라거트는 다음 날도 계속해서 성 엘모에 집중적으로 포격을 가했습니다. 이제 성 엘모 항구에는 채 100명도 안되는 기사들이 남았고, 거의 모든 기사들이 부상을 당했습니다. 포격이 멈추자, "이슬람을 위해 정복자가 될 것이냐, 전사할 것이냐"라고 외치는 신실한 회교 신앙인을 부르는 회교도의 구호가 들려왔습니다. 모든 것이 다 부서져서 거의 잿더미가 된 작은 항구로 술탄의 정예 군사들이 물밀듯이 진격해 왔습니다. 남은 기사들은 적군이 공격해 오는 것을 대비하였습니다. 심한 부상을 당해 서있을 수조차 없게 된 기사들은 전투가 벌어지는 곳으로 옮겨져서 마지막 남은 혼신을 다해 한명의 적이라도 더 넘어뜨리려고 칼을 휘둘렀습니다. 그들은 용감하게 싸웠고 마지막 기사가 전사할 때까지 그곳을 사수했습니다.

05
성 엘모의 승리

모든 사람이 하루 이틀 버텨줄 것이라고 믿었던 작은 요새는 한 달 이상 엄청난 대군과 맞서 싸웠습니다. 그들이 견뎌낸 시간은 나머지 기사단에게는 아주 값진 시간이었습니다. 그것뿐만 아니라 작은 성 엘모는 지휘관을 비롯해서 수천 명에 달하는 술탄의 정예 병사들을 참살하였습니다. 그중에는 포격대장인 예니체리의 아가(Aga)가 포함되어 있었고, 가장 중요한 것은 드라거트도 포격에 부상을 당한 것입니다.

마침내 회교도 깃발이 함락된 성 엘모 위에 휘날리게 되었을 때, 파사는 자신의 전체 전략이 잘못되었음을 알게 되었습니다. 성 엘모를 함락하기 위해 치른 대가가 너무 컸기 때문입니다. 파사는 이미 앞서간 그의 병사들이 포격을 가하기 시작한 큰 요새인 성 안젤로를 바라보고, "알라신이여! 작은 아들의 대가가 이리 큰데, 저렇게 큰 아버지를 함락하기위해 우리가 얼마나 큰 대가를 치러야 합니까?"라고 외쳤습니다.

그런 다음에 파사는 성 엘모에서 용감하게 싸우다 전사한 기사들의 시체를 모아 참수하여 십자가에 매달아서, 성 안젤로의 앞면에 있는 항구에 띄어버렸습니다. 그러한 행위는 방어군의 종교에 대한 철저한 모욕이였습니다. 라발레트는 이를 전혀 자비를 베풀지 않은 것으로 간주하였고, 이제는 죽을 때까지 싸우는 것만 남았다고 생각했습니다. 그것에 대한 보복으로 라발레트는 터키군 포로를 참수하여 그들의 시체를 성벽에 달았습니다. 양쪽 진영 모두는 더 이상 로데스에서 있었던 조건적인 평화협정은 없을 것이라고 선포하였습니다. 기사단에게는 몰타에서 승리하든지 죽든지 둘 중에 하나만 남아있게 되었습니다.

이제 남아있는 기사단의 요새들은 무시무시한 포격으로 집중포화를 당하기 시작하였습니다. 파샤는 간헐적으로 포격을 멈추고 혹시 한 곳이라도 함락 시킬 수 있을 까 하는 소망을 가지고 이곳 저곳 각기 다른 요새를 공격하기도 하였습니다. 하지만 매번 공격 때마다 엄청난 희생자를 내었습니다. 마침내 파샤는 라발레트의 지휘본부를 포위하게 되었습니다. 그리고 그곳에 엄청난 포격을 가하기 시작하였는데, 그 포격이 얼마나 심했으면 100킬로미터 밖에 있는 시라커스(Syracuse)섬과 160킬로미터 밖에 있는 카타니아(Catania)섬에서까지 그 포성을 들을 수 있었습니다.

마침내 포격이 멈추자, 파샤는 성벽 위로 벌떼 같은 공격을 가했습니다. 마침내 성벽을 뚫고 터키 장군이 그곳을 통해 병력을 투입하게 되었습니다. 거의 여섯 시간에 걸쳐서 엄청난 충돌이 벌여졌는데, 어떻게 하였는지는 모르지만 기사들이 공격을 방어했을 뿐만 아니라 빼앗겼던 성벽까지 회수하게 되었습니다. 모멸감에 빠진 파사는 자신의 턱수염을 낚아채며 공격을 취소하였습니다. 다시 한 번 터키군이 기사단의 인내력과 완강함을 심각하게 과소평가했던 것입니다.

06
놀라게 만든 퇴각

파사는 단계적으로 포격을 확대하였고, 일주일 동안이나 포격을 계속하였습니다. 그런 다음에 다시 한 번 수천 명 씩을 단계적으로 보내면서 공격을 감행하였습니다. 기사단은 수적으로 아주 많이 감소되어 있었기 때문에 곧 방어진에 구멍이 생기기 시작했습니다. 기사들은 용감하게 싸웠지만, 물밀듯이 몰려오는 성난 병력을 막기에는 역부족이었습니다. 기사단의 마지막이 될 그들의 최후 거점이 함락되기 일보 직전에, 오스만의 퇴각 나팔소리가 울려 퍼졌고 모든 티키군이 퇴각하였습니다.

방어하던 기사들이 믿을 수 있던 유일한 한 가지는 마침내 대륙에서 중원부대를 보냈을 것이라는 것이었는데, 사실은 그런 것이 아니었습니다. 실제로 무슨 일이 벌어졌는가 하면, 적은 무리의 기사단 기병대가 마사(Marsa)에 있는 오스만의 지휘 본부를 공격하였던 것입니다. 적은 무리의 기병대가 얼마나 열정적이고 결단력 있게 공격을 하여 혼란을 초래하였으면, 터키군은 그것을 엄청난 병력이 본부를 공격해 온 것으로 오인해 버렸던 것입니다. 뒤로부터 공격해 오는 것을 염려한 나머지, 파사가 그의 공격 부대를 퇴각시켰던 것입니다.

　거의 기사단의 본부를 함락하기 직전에 속았다는 사실을 알게 된 파사의 분노는 하늘을 찌를 듯 했고, 파사는 또다시 밤낮으로 계속해서 성벽을 향해 포격을 가하였습니다. 포격은 성벽 안에 있는 모든 것이 죽었을 정도로 심하게 감행되었습니다.

　기사단의 평의회는 모든 외곽 요새를 포기하고 주 요

새인 성 안젤로로 집결할 것을 권하였지만, 단장인 라발레트는 침략자에게 한 치의 땅도 양보할 수 없다고 하면서 완강하게 거절하였습니다. 군사 역사학자들은 후에 라발레트가 모든 외곽 요새를 포기하지 않았기 때문에 기사단이 살아남을 수 있었다는 사실에 동의하였습니다. 왜냐하면 그렇게 함으로서 터키군이 어느 한 곳을 집중적으로 공략할 수 없게 되었기 때문입니다.

라발레트는 시실리의 돈 가르시아(Don Garcia of Sicily)로부터 16,000명의 지원군을 보내주겠다고 약속한 전갈을 받았습니다. 그러나 라발레트는 그것에 강한 감동을 받지 않았습니다. 이전에도 수많은 그와 비슷한 약속을 받았지만, 그는 그러한 왕자들의 약속을 신뢰하지 않았고 그는 단순하게 다시 한 번 승리가 아니면 죽음이 있을 뿐이라는 서역을 하였습니다.

07
아래서부터 타오른 불

터키군은 도시와 성벽 위에 불을 질렀을 뿐만 아니라 수 주 동안 그 아래로 땅굴을 팠습니다. 8월 18일 카스타일 포스트(Post of Castile) 아래서 폭탄이 터졌고 그로 인해 큰 통로가 열리게 되었습니다. 단장인 라발레트는 그 당시 70살의 나이였음에도 불구하고, 투구를 쓰고 칼을 들고 뛰어 나가 공격해 오는 것에 대항하였습니다. 그의 용기에 힘입어 기사들과 마을 사람들은 아무것이든 집을 수 있는 것을 집어 들고 뚫어진 통로로 나가 적과 싸웠습니다. 라발레트는 부상을 당했지만 물러서기를 거절하였습니다.

그는 그의 칼을 터키군의 깃발을 향해 쳐들고 "저 깃발이 바람에 휘날리는 한 나는 절대로 물러서지 않을 것이다!"라고 선포하였습니다. 어떻게 되었든지 다시 한 번 기사단은 승리를 거두었고, 터키군은 퇴각하고 말았습니다.

이제 터키군의 고위 지휘자들 사이에서 불화가 일어나기 시작하였습니다. 그들이 예상했던 전쟁은 단지 며칠 뿐이였는데, 전쟁이 시작된 지 이미 몇 개월이 지났습니다. 그럼에도 언제 끝이 날지 도무지 보이지를 않았습니다. 파사는 침략전쟁이 겨울을 날수 있기 위해 어떻게 군수물자를 트리폴리(Tripoli), 그리스(Greece), 콘스탄티노플(Constantinople)로부터 공급해 올 수 있는 지를 계산하기 시작하였습니다. 파사는 그곳에서 승리하지 못하면 위대한 오스만 제국이 위험하게 된다는 사실을 알고 있었던 것처럼 보입니다. 사실 그렇게 생각한 그가 옳았습니다.

9월 6일 총 8,000명의 병력으로 구성된 가르시아의 증원부대가 도착하였습니다. 비록 엄청난 병력의 터키군에

비하면 8,000명의 병력은 숫자적으로는 아무것도 아니었지만, 그 병력이 양측의 사기에 미친 영향력은 어마어마했습니다. 만약에 수백 명의 기사들로 인해 입은 피해가 그렇게 엄청난데, 그러한 엄청난 대가를 지불하고 얻은 것이라고는 작은 항구 성 엘모 뿐인데, 더 많은 숫자가 왔으니 어떻게 승리할 수 있겠는가? 막강한 오스만 제국의 위대한 군대는 작전 캠프를 철회하고 배를 타고 떠나버렸습니다. 이것은 오스만 제국이 망하게 될 위험신호였고, 그 이전에 있었던 제국들처럼 그때부터 이 위대한 제국의 쇠락이 시작되었습니다. 성 요한 기사단은 숫자적으로 도저히 이길 수 없는 이슬람의 대군과 대항하여 맞서 싸웠을 뿐만 아니라 승리하였습니다.

술탄의 군대는 처음 침공하였을 때 숫자의 삼분의 일도 안 되는 병력만이 살아서 골든 혼(Golden Horn)으로 되돌아갔습니다. 술레이만은 이 사실을 도저히 믿을 수가 없었습니다.

술레이만은 사람들에게 그 비참한 모습을 보이지 않기 위해 그의 함대가 야밤에 항구에 들어오도록 명령하였습니다. 그는 "내가 이제 내 칼이 내 손 안에서만 무적이었다는 것을 알았다!"고 탄식하였습니다. 그는 즉시 다음 해에 다시 한 번 몰타를 공격할 계획을 세웠지만, 마흐메트처럼 술레이만 또한 그 자신의 서약을 성취하지 못하고 죽고 말았습니다.

08
유럽이 축제 분위기에 휩싸이다

　두 번째로 그 당시 세상에서 가장 강력한 군대를 최고 우두머리인 위대한 파사 장군이 수백 명에 불과한 "수도승 전사들(warrior monks)"에게 참패를 당했습니다. 세상은 다시 한 번 "과거로부터 온 고전적인 유물(archaic relics from the past)"이라고 비아냥거리던 기사단이 그 어느 때보다도 유럽을 군사적으로 가장 크게 위협하였던 강력한 군대와 아무 도움도 없이 대항하여 승리한 것에 대해 놀라움을 금치 못했습니다. 성 요한 기사단의 승리는 세상이 지금까지 목격한 "용기와 인내력" 중에서 가장 위대한 것이었습니다. 몰타의 전투에서 살아남은 기사는 250명 뿐이였고, 모두가 부상을 당했으며 손이나 발이 잘려 평생을 불구로 살아야 했던 분들도 있었습니다. 하지만 유럽은 눈앞에 닥쳤던 회고도의 위협으로부터 벗어나게 되었습니다.

헨리 8세(Henry VIII)가 기사단의 재산을 몰수 했던 영국에서는, 엘리자베트(Elizabeth) 여왕이 만약에 몰타에서 터키군이 패하지 않았다면 영국까지도 회교도의 손에 함락되고 말았을 것이라는 것을 인정했습니다. 여왕은 캔터베리(Canterbury) 대주교에게 명하여 3주 동안 영국 전역에 있는 모든 교회에서 기사단에게 감사하는 특별한 글을 읽도록 하였습니다. 나머지 유럽 국가들 또한 전에 성 요한 기사단을 무가치한 존재라고 했던 것을 완전히 철회하고 기사단에게 빚진 것을 인정하면서 그들을 존경하며 경축하였습니다.

유럽에 있는 크리스천 국가들이 서로에게 등을 돌리고 전쟁을 하는 동안, 성 요한 기사단은 그들의 진정한 적이 무엇인지 분명하게 알고 있었습니다. 비록 성 요한 기사단이 서로 전쟁을 벌이고 있는 유럽 여러 나라들로 부터 온 귀족들의 후손들이었지만, 그들은 한 번도 기사단 내에서 교리나 정치적인 분쟁으로 인해 기사단의 계급을 무너뜨리지 않았습니다. 그들이 연합하였기 때문에, 비전에 집중할 수 있었고, 십자가의 원수들 앞에서 절대로 물러나지 않았고, 역사의 흐름이 바뀔 수 있었던 상황을 바꾸어 놓았습니다. 기사단의 뛰어난 공적 때문에 이제 "몰타의 십자가(Maltese Cross)"라고 불리는 성 요한 기사단의 깃발은 일시적으로나마 세상의 모든 나라들로부터 깍듯한 예우를 받게 되었습니다.

Courage That Changed The World

THE EXTRAORDINARY HISTORY OF
THE KNIGHTS OF ST. JOHN

PART III

기사단의
　　　마지막 날

01
계속되는 예루살렘, 로데스, 몰타의 성 요한 기사단 역사

몰타의 전투 이후 유럽의 크리스천 국가들로부터 엄청난 존경을 받게 되었습니다. 그러나 유럽에 이슬람의 위협이 멈추게 되자, 용감한 성 요한 기사단의 행동은 곧 사라져 버리고 맙니다. 심지어 몇몇 나라의 왕들은 기사단을 왕위를 위협하는 존재로 간주하였고, 기사단의 재산을 몰수함으로 그들의 세력을 약화시키려 하였습니다. 기사단 내부적으로도 방탕한 기간이 있었지만, 그럴 때마다 새로운 지도자가 일어나서 회개하고, 용감성과 명예와 크리스천 도덕성을 가장 높이는 살아있는 비전을 회복시켰습니다. 그럼에도 불구하고 그들이 죽음을 무릅쓰고 보호해 주려고 싸웠던 나라들로부터 오는 시험은 이슬람으로부터 왔던 시험만큼 힘든 것이였습니다. 다른 기독교인들에 대항하여서는 무기를 들지 않겠다고 한 서약을 진정으로 지켰기 때문에, 기사단은 세력이 약해지고 줄어들게 되었지만, 그들은 어떻게든지 하여 항상 살아남았습니다.

기사단의 구성원들이 대부분 귀족 출신이었기 때문에 기사단은 프랑스 귀족들을 멸망시키려는 것이 혁명 지도자들의 목적이었던 프랑스 대혁명(French Revolution)의 특별한 목표물이 되었습니다. 혁명 기간 동안, 기사단의 가장 가치 있는 재산들이 몰수를 당하였습니다. 1798년 나폴레옹 보나파르테(Napoleon Bonaparte)가 엄청난 군대를 이끌고 이집트를 침공하러 가던 길에 몰타에 상륙하였습니다. 약간의 형식적인 대항을 한 후, 기사단은 다른 크리스천들과 싸우기 보다는 그들이 사랑하는 몰타를 떠나기로 결정합니다. 며칠 후 나폴레옹은 몰타를 떠났는데, 그는 자신의 깃발을 단 배에 기사단이 획득한 수많은 값진 보물들을 가득 실었습니다. 이 배는 결국 이집트 해역에서 영국군에 의해 보물과 함께 침몰하고 말았습니다.

몰타를 잃어버린 후 기사단은 초토화되었고, 크리스천을 적대시 하는 반 기독교적인 나폴레옹의 군사를 이슬람에 대항하여 싸웠던 것처럼 싸웠어야 했다며 수많은 기사들이 떠나기 시작하였습니다. 프랑스 혁명은 또한 무자비한 반 기독교적이었고, 나폴레옹은 적그리스도로 간주 되었습니다. 남아있는 기사들은 새로운 거주지와 비전을 찾기 위해 유럽을 떠돌다가 결국 러시아에서 새로운 거주지를 찾게 됩니다.

기사단과 러시아 황제 폴 1세(Paul I)는 협약에 서명하였습니다. 황제는 기사단의 보호자가 되기를 승인하였습니다. 결국 황제가 기사단의 단장으로 선출되었고, 기사단의 기장에는 공식적으로 제국 군대의 문장이 더해지게 됩니다. 그런 다음에 그 당시의 상황에 맞게 기사단의 상태가 재정비되었고, 전에는 로마 천주교인만 가능했던 기사단 입단 자격이 기사가 될 자격이 있으면 다른 교파들로부터도 입단이 가능하도록 기사단의 강령을 바꾸었습니다. 그렇게 변경한 가장 큰 이유는 그렇게 함으로서 일반적으로 러시아 정교회 교인인 러시아 귀족들의 입단을 가능하게 하기 위함이였습니다. 동시에 귀족들의 자손들에게 기사단의 기사 칭호를 상속할 수 있게 하였습니다.

교황 피어스 6세(Pius VI)는 러시아 황제가 기사단의 군주적인 보호자가 된 것에 대해 감사의 표시를 하였고, 기사단이 다른 교파 출신을 받아들이는 것을 허락하였습니다. 역사학자들은 이러한 교황의 결정을 기사단의 새로운 에큐메니칼한 방향성을 합법적으로 인증한 것이라고 해석하였습니다. 1879년 교황 레오 13세(Leo XIII)에 의해 로마 카톨릭만으로 구성된 독자적인 기사단이 임명되었고, 자신들이 유일한 성 요한 기사단의 합법적인 후예들이라고 주장하였습니다. 물론 그것은 여전히 수없이 많은 로마 카톨릭을 단원으로 거느리고 있던 에큐메니칼한 기사단에 의해 문제제기를 받게 됩니다.

그 후 세상에는 여러 개의 기사단 후손들이 생겨났고, 1908년에는 "아메리카 그랜드 프라이오리(American Grand Priory: 아메리카 대 수도회)"가 창립되었고 1911년 법적으로 기사단 헌장을 인정받았습니다. 또한 캐나다에서는 "캐나다 대 수도회(Grand Priory of Canada)"가 에큐메니칼하고 비정치적인 세력으로 창립되었습니다. 현재 캐나다 대 수도회는 "예루살렘, 로데스, 몰타의 독립적인 성 요한 기사단"이라는 캐나다 정부가 허락한 헌장에 의해 운영되고 있습니다. 현재 독립적인 기사단(Sovereign Oder)은 세계에서 가장 오래된 기사단으로 인정받고 있으며, 기사단의 사역을 계속하고 있으며 본부는 몰타에 설립되어 있습니다.

02
마지막 때의
교회에서의 용맹스러운 기사단

팡파르가 크게 울려 퍼지지는 않지만, 기사단의 기사들은 현재도 여전히 진리와 명예를 보존하고 가난한 자들과 병든 자들을 섬기며 그들의 헌신을 계속하면서 크리스천 믿음을 방어하는 데 능동적이며 혁혁한 공적을 세우고 있습니다.

몰타의 각 기사들은 크리스천을 섬기고 스스로 겸손하기 위해 모든 것을 바칩니다. 기사로 임명되게 되면 각 기사들은 8개의 포인트로 된 십자가가 박힌 옷은 입고 "기사

(Chevalier)"라는 칭호를 받게 됩니다. 기사단의 모토는 "우리가 그리스도 안에서 연합한 것처럼, 우리는 서로 서로 연합한다" 입니다.

기사도의 적용은 반드시 다른 크리스천들에게 본이 되어야 하고, 속한 교회에서 능동적으로 활동해야 하고, 속해 있는 커뮤니티에서 봉사활동을 해야 합니다. 그들은 고아들이나 노인들처럼 도움이 필요한 사람들을 도울 준비가 되어 있어야 합니다. 그들은 타협하지 않고 진리에 굳게 서는 명예로운 사람이어야만 합니다.

이스라엘 국가처럼, 성 요한 기사단도 빛과 어두움의 마지막 전투에서 특별한 역할을 하도록 보존된 것처럼 보입니다. 현재의 교회, 심지어 서양 문명은 술레이만의 시대만큼이나 위험에 처해 있습니다. 교회 내의 분쟁으로 인해 너무 약해져서 적의 공격에 쉽게 상처를 받을 수밖에 없는 상황에 처해 있습니다. 하지만 주님께서는 다수 또는 소수에 의해 강제적으로 구속함을 베푸시지 않으십니다.

주님은 여전히 기사단과 같은 참된 영적 귀족들을 소유하고 계시며, 온 세상 전역을 영적 귀족 가문을 세우시고 계십니다. 그들은 똑같은 믿음으로 연합되어 있으며 교단적인 차이를 초월한 사람들입니다. 그들 역시 십자가의 원수 앞에서 절대로 물러서지 않을 것과 믿음의 원수마귀에게 한 치의 땅도 양보하지 않을 것을 서원한 사람들입니다.

주님께서는 다시 한 번 주변을 둘러싸고 있는 쩨쩨한 분쟁과 영적 분열에도 불구하고 연합하려고 하는 성령의 참된 기사들이 함께 할 것을 부르시고 계십니다. 그들 역시 참된 원수가 무엇인지 아는 사람들로서, 이 시대의 가장 큰 어두움의 권세에 동요하지 않고 굳게 서서 오히려 어두움의 권세를 물리치게 될 것입니다. 그런 사람들은 현대판 성 요한 기사단에 속해 있을 수도 있고, 여러분의 교회 안에 있을 수도 있고, 그들 중에 한 사람이 바로 여러분일 수 있습니다!

03
성 요한 기사단의 근황

 1883년 이탈리아 귀족 연감에 의하면 컴보(Cumbo) 가문은 스페인에 뿌리를 두고 있으며, 1330년경에 이탈리아에 있는 시실리(Sicily), 레지오 카랄부리아(Reggio Calabria)와 몰타로 이주해 왔다고 기록하고 있습니다. 1912년 시실리아인 귀족 연감에는 컴보라는 이름이 고대 이탈리아 귀족 가문으로 보날버르고(Bonalbergo)에 남작 영지의 땅을 소유하고 있었으며 귀족이었다고 기록하고 있습니다. 컴보 가문의 세 형제 엔리코(Enrico), 러지데로(Ruggiero), 안드레이(Andrea)가 몰타에 들어 온 시기는

1600년대였습니다. 1698년 이 가문에는 후에 프렌도(Frendo) 컴보로 알려진 프렌도가 합류하였습니다. 기사단 단장의 조상들은 조정의 신하로서 남작의 높은 벼슬을 하였습니다.

에이치 이 카운트 조셉 프렌도 컴보(H. E. Count Joseph Frendo Cumbo)는 몰타, 중동, 이탈리아, 수단, 팔레스타인, 동 아프리카, 북 아프리카에서 근무하다가, 영국과 캐나다 군에서 퇴역하였습니다. 그는 1939년에서 1956년까지 직업군인으로서 영국군에서 I보병, 비행기 운항관리자, 공수부대원으로 근무하였습니다.

캐나다로 이민 간 후, 그는 온타리오에서 탱크부대 특무상사로 수년 동안 근무하였고, 캐나다 군인 훈장과 종군 기념약장을 받았으며, 백주년을 기념하여 벌인 축제를 위해 여왕이 캐나다를 방문하였을 때 1967년에는 오타와(Ottawa)에서 호위병 특무상사로 근무했습니다. 그후 캐나다 해군에 부임하여 사관생도들의 지휘 장교로 임명되어 근무하다가, 해군 대령으로 예편하였습니다. r의 군대 업적은 다음과 같습니다: 193945 별, 아프리카 별, 이탈리아 별, 방어 메달, 승리 메달, 팔레스타인(GSM) 194548, 캐나다 군인 훈장과 종군 기념약장, 폴로니아 레스티튜타(Polonia Restituta), 폴란드 금 십자가 훈장.

그는 성 아가타 데 패터노(St, Agatha de Paterno) 군인 기사작위, 왕립 발리아릭 크라운(Royal Balearic Crown), 홀리 세펄크리(Holy Sepulchre) 등과 같은 다양한 훈장과 기사작위를 받았습니다. 독립적인 예루살렘 성 요한 기사단, 몰타 기사단에서 그는 1974년 캐나다의 부단장을 거쳐 현재는 단장으로 사역하고 있습니다.

〈 참고문헌 〉

몰타 기사단의 성취(Achievement of the Knights of Malta), 알렉산더 서덜랜드(Alexander Sutherland), 1846년 출간 두 개의 볼륨.

프랑스와 영국이 식민통치하의 몰타의 역사(History of Malta During the Period of the French and English Occupation), 윌리암 하드맨(William Hardman), 런던 1909

몰타의 기사단의 역사(History of the Knights of Malta), 메이저 휘트워쓰 포터(Major Whitworth Porter), 1930

성전의 집(The House of the Temple), 프레드릭 라이언(Frederick 꾜무), 런던 1930

기사단의 기사들(Knights of Order), 어니 브래드포드(Ernie Bradford), 도세트(Dorset) 출판사

성 요한 기사단, 카운트 조셉 프렌도 컴보

예루살렘 성 요한 기사단(Ordre Souverain de st. Jean de Jerusalem), Imprimerie Imperial, 세인트 피터스버그(Saint Petersburg), 러시아(Russia), 1800

믿음의 홀(Hall) 시리즈 1

세상을 변화시킨 용기
(Courage That Changed The World)

인쇄일 2007년 7월 10일
발행일 2007년 7월 20일
지은이 릭 조이너
역은이 정한출
펴낸이 장사경
펴낸곳 Grace Publisher(은혜출판사)
출판등록 제 1-618호(1988. 1. 7)
주소 서울 종로구 숭인2동 178-94
전화 (02) 744-4029
FAX 744-6578

ⓒ 2007 Grace Publisher, Printed in Korea
　　ISBN 978-89-7917-795-4　　04230
　　ISBN 978-89-7917-786-2　　(세트)

▶은혜기획 : • 기획에서 편집(모든 도서)까지 저렴한 가격으로 출판대행
　　　　　• 모든 인쇄(포스터, 팜플렛, 광고문) 등을 저렴한 가격으로 제작대행
　　T (02) 744-4029, F 744-6578

탁월한 선택으로 나의 삶을 변화시키자!

은혜 베스트도서

예수님의 보혈

베니힌 지음 | 값 8,000원

창세기로부터 시작된 보혈의 능력은 예수님의 십자가 위에서 그 절정을 이루었고 마침내 이 놀라운 능력은 오늘 당신의 삶에 찾아와 놀라운 확신을 줄 것입니다.

정말 지옥은 있습니다

메어리 K. 백스터 지음 | 값 8,500원

지옥은 분명히 있으며 지옥으로 간 후에는 아무리 뉘우쳐도 그곳을 벗어날 수 없다고 성경에는 기록되어 있습니다. 이 책에는 지옥에 대한 실상과 위치, 그리고 천국의 영광들이 자세하게 서로 비교되어 있습니다. 이 책을 읽음으로써 영혼구원이 얼마나 중요한가를 깨닫게 될 것입니다.

정말 천국은 있습니다

메어리 K. 백스터 지음 | 값 7,500원

이 책은 천국에서 우리를 위해 준비하시는 하나님의 역사를 부분적으로나마 그녀에게 보여주시는 놀라운 경험을 글로 옮긴 책입니다. 믿음의 역사가 한 층 더해질 천국의 체험을 느낄수 있을 것입니다.

영혼의 안식과 삶의 의미를 주는 저서들

릭 조이너(RICK JOYNER) 저서 시·리·즈

하나님의 부르심

신국판 | 216면 | 값 7,500원

지금 우리는 말세에 살고 있습니다. 젊은 사람이나 나이든 사람들이 꿈을 꾸며, 환상을 보며 예언하는 날들입니다. 이 책은 놀라운 기회를 붙잡고 가치 있는 삶을 살아 가는데 도움을 줄 것입니다.

빛과 어둠의 영적 전쟁

신국판 | 248면 | 값 8,500원

마치 천로역정에서 '기독도' 가 어려움을 당할때마다 좋은 충고자를 만나 새로운 용기와 기쁨을 가지고 고난의 관문을 통과하여 앞으로 전진하는 것처럼 읽는 독자로 하여금 책 속의 주인공처럼 하나님의 끝없는 은총을 체험하게 될 것입니다.

웅장한 영적 전쟁들

신국판 | 288 | 값 9,500원

이 책에서는 당신이 그리스도 안에서 완전한 보호하심을 입는 것과 다른 이들과 적절한 관계성을 유지하는 것 등에 대해서 설명하고 있으며, 어떻게 행해야 하는지를 알려줍니다.

예언사역

신국판 | 200면 | 값 8,000원

예언이란 무엇이며, 예언자란 누구인가를 궁금해하는 이 세대에게 이 책은 해답을 줄 것이며, 전과는 비교도 할 수 없을 만큼 하나님을 알아가고 그 분의 음성을 듣도록 당신에게 도움을 줄 것입니다.

종교의 영을 몰아내십시오

변형 125X205 | 112면 | 값 5,000원

종교의 영을 식별하는 법과 종교의 영이 사용하는 가면들에 대해서 자세히 설명해 주고 있습니다. 또한 종교의 영으로부터 벗어나기 위해 경고 신호 25가지와 우리가 할 수 있는 것 열가지에 대해 이야기하고 있습니다.

동산 안의 두 나무

신국판 | 312면 | 값 12,000원

어떻게 해야 죄를 이길 수 있는지 알고 싶으십니까? 육과 영이 어떻게 다른지 궁금하고, 교회가 왜 자꾸 분열되는지 알고 싶으십니까? 또 죄의 유혹을 이기길 원하고, 하나님께 영광돌리며 살길 원하십니까? 이 책은 그러한 면에서 당신에게 많은 도움을 줄 것입니다.

리더십 _ 창조적인 삶의 능력

신국판 | 360면 | 값 13,000원

리더십과 창조력은 이 땅에 있는 가장 강한 두 가지 힘입니다. 두 가지는 선을 위해 사용될 수도 있고 악을 위해 사용될 수도 있으며, 인간 역사에 큰 획을 그었습니다. 이 책은 이 두 가지 힘을 흥미롭고 실제 삶의 예를 통해 공부하는데 길잡이가 될 것입니다.

이 시대를 깨우는 강력한 영적 저서들

베니 힌(Benny Hinn) 저서 시·리·즈

그 분이 나를 만지셨네
신국판 | 256면 | 9,000원

치유의 기적
변형판 | 136면 | 5,000원

어서오세요 성령님
신국판 | 328면 | 8,500원

예수님의 보혈
변형판 | 322면 | 8,000원

베니 힌 그 능력의 근원
신국판 | 248면 | 8,500원

응답받는 기도의 비밀
변형판 | 200면 | 10,000원